CONDITIONS D'ASSURANCE

des principales

Compagnies d'Assurances sur la Vie

opérant

en FRANCE

Prix : 2 fr.

LIBRAIRIE PAUL SEVIN

45, Rue Boissy-d'Anglas

(ANGLE DU BOULEVARD MALESHERBES, PRÈS DE LA MADELEINE)

PARIS (8e)

CONDITIONS D'ASSURANCE

des principales

Compagnies d'Assurances sur la Vie

opérant

en FRANCE

Prix : 2 fr.

LIBRAIRIE PAUL SEVIN

45, Rue Boissy=d'Anglas

(ANGLE DU BOULEVARD MALESHERBES, PRÈS DE LA MADELEINE)

PARIS (8e)

AVANT-PROPOS

La bibliographie de l'Assurance sur la Vie en France ne comptait pas jusqu'à ce jour d'œuvre indiquant en termes brefs et concis les conditions essentielles des polices émises par les différentes Compagnies d'Assurances sur la Vie. Même un guide récemment publié dans le but de vulgariser la plupart des questions concernant l'Assurance sur la Vie et la Prévoyance en France, se borne à donner les conditions générales des polices des Compagnies, prises dans leur ensemble, sans indiquer les conditions régissant les polices de chaque Compagnie.

Des ouvrages du genre de celui que nous offrons aujourd'hui aux Agents d'Assurances ainsi qu'au public qui s'intéresse à l'Assurance sur la Vie, sont depuis longtemps entre les mains de tous les Agents d'Assurances aux États-Unis — pays classique de cette branche contemporaine de l'industrie. Des brochures analogues sont également très répandues dans les pays voisins, Angleterre, Allemagne, Autriche et Suisse. La littérature belge même s'est récemment enrichie d'un ouvrage de ce genre édité par une maison allemande.

En offrant au public français cet aperçu que nous avons essayé de rendre, en dépit de son peu d'étendue, aussi complet que possible et tout à fait impartial, nous espérons avoir fait œuvre utile. Nous nous faisons en outre un devoir d'adresser aux Compagnies d'Assurances qui ont bien voulu faciliter notre tâche en nous fournissant les éléments nécessaires et en corrigeant les épreuves, nos remerciements les plus sincères.

L'ÉDITEUR.

I

COMPAGNIES FRANÇAISES

L'ABEILLE

COMPAGNIE ANONYME

Capital social : Fr. 4.000.000 dont Fr. 1.000.000 versés

Risques en cours le 31 Décembre 1911 (nets de réassurances) : Fr. 144.244.810

Bénéfices aux assurés en 1911 : Fr. 234.617

Dividende aux actionnaires en 1911 : Fr. 152.000 (nets d'impôts)

---

1. **Base du contrat** : Les déclarations, soit du contractant, soit du tiers assuré, servent de base au contrat.

2. **Fractionnement de la prime** : La prime peut être acquittée annuellement ou par termes semestriels ou trimestriels.

3. **Délai de grâce** : 30 jours.

4. **Remise en vigueur** : Aucune stipulation dans la police.

5. **Assurance libérée réduite** : Après que les primes pour trois ou cinq années entières ont été acquittées selon le mode de participation choisi ; après trois ans pour les assurances sans participation.

6. **Prolongation de l'assurance** : Privilège de prolongation non stipulé dans la police.

7. **Rachat en espèces** : Après que les primes pour trois ou cinq années entières ont été payées, selon le mode de participation choisi ; après trois ans pour les assurances sans participation. Le prix de rachat est déterminé d'après les bases adoptées par le Conseil d'Administration et en vigueur au jour de la demande de rachat.

8. **Avances en espèces** : Aucune stipulation dans la police.

9. **Participation aux bénéfices** : Les polices sont émises avec ou sans participation aux bénéfices. 75 % des bénéfices produits par les assurances avec participation sont attribués aux diverses catégories d'assurance avec participation.

10. **Incontestabilité** : Après une année pour réticences ou fausses déclarations.

11. **Changement d'occupation** : Sauf convention expresse et spéciale, la police est résiliée de plein droit si l'assuré devient marin de profession ou fait partie, à un titre quelconque, du personnel de la flotte.

12. **Duel** : Couvert.

13. **Risque de guerre** : Risque de tout service militaire couvert en temps de paix en Europe, en Algérie et en Tunisie. Risque de guerre contre une puissance étrangère non couvert, sauf contrat spécial.

14. **Lieu de séjour et voyages** : Risques de voyage et séjour au-delà des limites et en dehors des contrées stipulées dans la police non couverts au cours des trois premières années.

15. **Suicide** : Suicide volontaire non couvert; suicide durant la première année présumé conscient; après la première année, il sera présumé inconscient.

16. **Risques non couverts** : Suicide volontaire, mort en voyageant ou résidant pendant les trois premières années en dehors des régions permises. voyages d'explorations, expéditions armées, guerre contre une puissance étrangère, profession de marin, pilotage d'un appareil d'aviation.

17. **Délai pendant lequel le décès doit être notifié à la Compagnie** : Trois mois (six mois en cas de séjour en dehors de l'Europe).

18. **Frais de gestion** : Le Conseil d'Administration fixe le montant des frais à mettre à la charge des assurances avec participation.

19. **Erreurs d'âge** : Réduction proportionnelle du capital assuré, ou remboursement sans intérêts des sommes perçues en trop sur les primes.

L'AIGLE

SOCIÉTÉ ANONYME

Capital social : Fr. 3.000.000 dont Fr. 750.000 versés

Risques en cours le 31 Décembre 1911 (nets de réassurances) : Fr. 79.121.161

Bénéfices aux assurés en 1911 : Fr. 33.612

Dividende aux actionnaires en 1911 : Fr. 48.000 (nets d'impôts)

---

1. **Base du contrat** : Les déclarations, soit du contractant, soit du tiers assuré, servent de base au contrat.

2. **Fractionnement de la prime** : Prime payable annuellement d'avance, mais peut être acquittée par termes semestriels ou trimestriels.

3. **Délai de grâce** : 30 jours.

4. **Remise en vigueur** : Aucune clause prévoyant la remise en vigueur.

5. **Assurance libérée réduite** : Après que les primes pour trois années entières ont été acquittées.

6. **Prolongation de l'assurance** : Privilège de prolongation non stipulé dans la police.

7. **Rachat en espèces** : Après que les primes pour trois années entières ont été payées. Le prix de rachat est déterminé d'après les bases adoptées par le Conseil d'Administration et en vigueur au jour de la demande de rachat. Le prix ne peut être inférieur à 25 o/o du montant des annuités intégralement payées.

8. **Avances en espèces** : Aucune stipulation dans la police. La Compagnie consent, comme règle, des avances jusqu'à concurrence de la valeur de rachat.

9. **Participation aux bénéfices** : Les polices sont émises avec ou sans participation aux bénéfices. La moitié des bénéfices produits par les assurances avec participation est répartie entre ces polices.

10. **Incontestabilité** : Après cinq années, l'assurance ne peut être annulée pour réticence ou fausses déclarations.

11. **Changement d'occupation** : Sauf convention spéciale, police résiliée de plein droit si l'assuré devient marin de profession ou fait partie, à un titre quelconque, du personnel de la flotte. Si les primes pour trois années entières n'ont pas été acquittées, la police devient sans effet et les primes payées demeurent acquises à la Compagnie.

12. **Duel** : Pas couvert.

13. **Risque de guerre** : Risques de tout service militaire couverts en temps de paix, en Europe. Service militaire en Algérie, Tunisie et dans les colonies françaises couvert moyennant surprime. Risques de guerre contre une puissance étrangère couverts moyennant convention spéciale.

14. **Lieu de séjour et voyages** : Risques de voyage et séjour au-delà des limites et en dehors des contrées stipulées dans la police non couverts sauf convention spéciale.

15. **Suicide** : En cas de suicide conscient, assurance de nul effet et primes payées demeurent acquises à la Compagnie. Après que trois primes annuelles ont été payées, la valeur de rachat est versée aux ayants droit.

16. **Risques non couverts** : Duel, suicide conscient, condamnation judiciaire, mort causée par le fait du bénéficiaire, mort en voyageant ou résidant pendant les trois premières annees en dehors des régions permises, service militaire en Algérie, Tunisie et dans les colonies françaises (voir n° 13), guerre contre une puissance étrangère, profession de marin.

17. **Délai pendant lequel le décès doit être notifié à la Compagnie** : Trois mois (six mois en cas de séjour en dehors de l'Europe). Passé ce délai l'action est prescrite, la Compagnie n'a plus rien à payer et les primes perçues lui demeurent acquises.

18. **Frais de gestion** : Le Conseil d'Administration fixe le montant des frais de toute nature à mettre à la charge des assurances.

19. **Erreurs d'âge** : Aucune stipulation dans la police.

COMPAGNIE
D'ASSURANCES GÉNÉRALES

SOCIÉTÉ ANONYME

Capital social : Fr. 3.000.000

Risques en cours le 31 Décembre 1911 (nets de réassurances) : Fr. 938.305.756

Bénéfices aux assurés en 1911 : Fr. 1.463.898

Dividende aux actionnaires en 1911 : Fr. 6 600.000 (nets d'impôts)

---

1. **Base du contrat :** Les déclarations, soit du contractant, soit du tiers assuré, servent de base au contrat.

2. **Fractionnement de la prime :** Prime payable annuellement d'avance, mais peut être acquittée par termes semestriels ou trimestriels.

3. **Délai de grâce :** 30 jours.

4. **Remise en vigueur :** Aucune clause prévoyant la remise en vigueur.

5. **Assurance libérée réduite :** Après que les primes pour trois années ont été acquittées.

6. **Prolongation de l'assurance :** Privilège de prolongation non stipulé dans la police.

7. **Rachat en espèces :** Après que les primes de trois années entières ont été payées. Le prix de rachat est déterminé d'après les bases adoptées par le Conseil d'Administration et en vigueur au jour de la demande de rachat.

8. **Avances en espèces :** Aucune stipulation.

9. **Participation aux bénéfices :** Les Polices sont émises avec ou sans participation aux bénéfices. La moitié des bénéfices produits par les assurances avec participation est répartie entre ces polices au prorata du montant des primes payées. L'ayant-droit peut disposer de ses bénéfices de trois manières différentes. A défaut d'option, il est considéré comme ayant opté pour l'augmentation du capital assuré.

10. **Incontestabilité** : Aucune clause d'incontestabilité.

11. **Changement d'occupation** : Police résiliée de plein droit si l'assuré devient marin de profession ou fait partie, à un titre quelconque, du personnel de la flotte. Si les primes pour trois années entières n'ont pas été acquittées, la police devient sans effet et les primes payées demeurent acquises à la Compagnie.

12. **Duel** : Aucune stipulation.

13. **Risque de guerre** : Risques de tout service militaire couverts en temps de paix, en Europe, en Algérie et en Tunisie. Risque de guerre contre une puissance étrangère non couvert, sauf convention spéciale.

14. **Lieu de séjour et voyages** : Risques de voyage et séjour au-delà des limites et en dehors des contrées stipulées dans la police non couverts au cours des trois premières années.

15. **Suicide** : En cas de suicide conscient, assurance de nul effet et primes payées demeurent acquises à la Compagnie. Après que trois primes annuelles ont été payées, la valeur de rachat est versée aux ayants-droit.

16. **Risques non couverts** : Suicide conscient. condamnation judiciaire, mort causée par le fait du bénéficiaire, mort en voyageant ou résidant pendant les trois premières années en dehors des régions permises, voyages d'explorations, expéditions armées, guerre contre une puissance étrangère, profession de marin.

17. **Délai pendant lequel le décès doit être notifié à la Compagnie** : Trois mois (six mois en cas de séjour en dehors de l'Europe).

18. **Frais de gestion** : Le Conseil d'Administration fixe le montant des frais de toute nature à mettre à la charge des assurances.

19. **Erreurs d'âge** : Réduction proportionnelle du capital assuré, ou remboursement sans intérêts des sommes perçues en trop sur les primes.

CAISSE PATERNELLE

COMPAGNIE ANONYME

Capital social : Fr. 5.000.100

Assurances en cours le 31 Décembre 1911 (nets de réassurances) : Fr. 109.547.166

Bénéfices aux assurés en 1911 : Fr. 4.176

Dividende aux actionnaires en 1911 : Fr. 133-336 (nets d'impôts)

---

1. **Base du contrat** : Les déclarations, soit du contractant, soit du tiers assuré, servent de base au contrat.

2. **Fractionnement de la prime** : Prime payable annuellement d'avance, mais peut être acquittée par termes semestriels ou trimestriels.

3. **Délai de grâce** : 30 jours.

4. **Remise en vigueur** : Aucune clause prévoyant la remise en vigueur.

5. **Assurance libérée réduite** : Après que les primes pour trois années entières ont été acquittées.

6. **Prolongation de l'assurance** : Privilège de prolongation non stipulé dans la police.

7. **Rachat en espèces** : Après que les primes pour trois années entières ont été payées. Le prix de rachat est déterminé d'après les bases adoptées par le Conseil d'Administration et en vigueur au jour de la demande de rachat.

8. **Avances en espèces** : Après paiement de trois primes.

9. **Participation aux bénéfices** : Les polices sont émises avec ou sans participation aux bénéfices.

10. **Incontestabilité** : Aucune clause d'incontestabilité.

11. **Changement d'occupation** : Sauf convention spéciale, police résiliée de plein droit si l'assuré devient marin de profession ou fait partie, à un titre quelconque, du personnel d'un navire. Si les primes pour trois années entières n'ont pas été acquittées, la police devient sans effet et les primes payées demeurent acquises à la Compagnie.

12. **Duel** : Aucune stipulation dans la police.

13. **Risque de guerre** : Risques de tout service militaire couverts en temps de paix, en Europe, en Algérie et en Tunisie. Risque de guerre non couvert contre une puissance étrangère, à moins d'une convention expresse et spéciale.

14. **Lieu de séjour et voyages** : Risques de voyage et séjour au-delà des limites et en dehors des contrées stipulées dans la police non couverts au cours des trois premières années, sauf convention spéciale.

15. **Suicide** : En cas de suicide conscient. assurance de nul effet et primes payées demeurent acquises à la Compagnie. Après que trois primes annuelles ont été payées, la valeur de rachat est versée aux ayants-droit.

16. **Risques non couverts** : Suicide conscient, condamnation judiciaire, mort causée par le fait du bénéficiaire, mort en voyageant ou résidant pendant les trois premières années en dehors des régions permises, voyages d'explorations, expéditions armées, guerre contre une puissance étrangère, profession de marin. La Compagnie se réserve le droit de résilier l'assurance dans le cas où l'assuré serait condamné à une peine afflictive ou infamante.

17. **Délai pendant lequel le décès doit être notifié à la Compagnie** : Trois mois (six mois en cas de séjour en dehors de l'Europe).

18. **Frais de gestion** : Le Conseil d'Administration fixe le montant des frais de toute nature à mettre à la charge des assurances.

19. **Erreurs d'âge** : Aucune stipulation dans la police.

LA CONFIANCE

SOCIÉTÉ ANONYME

Capital social : Fr. 6.000.000 dont Fr. 1.200.000 versés

Risques en cours le 31 Décembre 1911 (nets de réassurances) : Fr. 81.466.617

Bénéfices aux assurés en 1911 : Fr. 86.559

Dividende aux actionnaires en 1911 : Fr. 45.000 (nets d'impôts)

1. **Base du contrat** : Les déclarations soit du contractant, soit du tiers assuré, servent de base au contrat.

2. **Fractionnement de la prime** : Prime payable annuellement d'avance, mais peut être acquittée par termes semestriels ou trimestriels.

3. **Délai de grâce** : 30 jours.

4. **Remise en vigueur** : Aucune clause prévoyant la remise en vigueur.

5. **Assurance libérée réduite** : Après que les primes pour trois années entières ont été acquittées.

6. **Prolongation de l'assurance** : Privilège de prolongation non stipulé dans la police.

7. **Rachat en espèces** : Après que les primes de trois années entières ont été payées. Le prix de rachat est déterminé d'après les bases adoptées par le Conseil d'Administration et en vigueur au jour de la demande de rachat.

8. **Avances en espèces** : Aucune stipulation dans la police. La Compagnie accorde des prêts pour le paiement des primes sur les contrats ayant une valeur de rachat.

9. **Participation aux bénéfices** : Les polices sont émises avec ou sans participation aux bénéfices. Environ 75 o/o des bénéfices produits par les assurances avec participation sont répartis entre ces polices. Le Conseil d'Administration détermine seul les bases et le mode de calcul des bénéfices.

10. **Incontestabilité** : Après cinq années.

11. **Changement d'occupation** : Police résiliée de plein droit, à moins d'une convention spéciale, si l'assuré devient marin de profession ou fait partie à un titre quelconque, du personnel de la flotte. Si les primes pour trois années entières n'ont pas été acquittées, la police devient sans effet et les primes payées demeurent acquises à la Compagnie.

12. **Duel** : Non couvert.

13. **Risque de guerre** : Risque de tout service militaire couvert en temps de paix, en Europe, en Algérie et en Tunisie. Risque de guerre contre une puissance étrangère non couvert, à moins d'une convention spéciale.

14. **Lieu de séjour et voyages** : Risques de voyage et séjour au-delà des limites et en dehors des contrées stipulées dans la police non couverts. à moins d'une convention spéciale.

15. **Suicide** : En cas de suicide conscient, assurance de nul effet et primes payées demeurent acquises à la Compagnie. Après que trois primes annuelles ont été payées, la valeur de rachat est versée aux ayants-droit.

16. **Risques non couverts** : Suicide conscient, duel, condamnation judiciaire, mort causée par le fait du bénéficiaire, mort en voyageant ou résidant en dehors des régions permises, guerre contre une puissance étrangère, profession de marin.

17. **Délai pendant lequel le décès doit être notifié à la Compagnie** : Trois mois (six mois en cas de séjour en dehors de l'Europe).

18. **Frais de gestion** : Le Conseil d'Administration fixe le montant des frais de toute nature à mettre à la charge des assurances.

19. **Erreurs d'âge** : Toute erreur constatée dans la déclaration d'âge donnera lieu, soit à une réduction proportionnelle du capital assuré, soit au remboursement sans intérêt des sommes perçues en trop sur les primes.

LE CONSERVATEUR

COMPAGNIE MUTUELLE

Gérée par LE CONSERVATEUR, Compagnie anonyme de gestion d'assurances sur la vie.

Polices en cours le 31 Décembre 1911 : 150.442 pour un capital de Fr. 366.837.133

1. **Base du contrat** : La bonne foi réciproque des parties contractantes.
2. **Fractionnement de la prime** : Les cotisations peuvent être payées par versements annuels, semestriels ou trimestriels. Les termes complétant la première annuité sont payables obligatoirement.
3. **Délai de grâce** : 30 jours moyennant intérêt au taux de 5 o/o.
4. **Remise en vigueur** : En cas d'impossibilité le Conseil d'Administration peut accorder un sursis de paiement. A l'expiration du délai de sursis les cotisations échues, augmentées d'un intérêt de retard de 5 o/o, doivent être payées. Tout contrat annulé ou réduit peut être remis en vigueur au cours des trois années suivant la date d'échéance de la première cotisation impayée.
5. **Assurance libérée réduite** : Facultative après paiement de trois annuités au moins. Le montant de l'assurance réduite est indiqué, année par année, dans la police.
6. **Prolongation de l'assurance** : Facultative, moyennant imputation des cotisations sur le prix de rachat, à titre d'avances remboursables et passibles d'intérêts, après versements de trois annuités au moins.
7. **Rachat en espèces** : Après que trois annuités ont été payées. Le montant de la valeur de rachat est indiqué, année par année, dans la police.
8. **Avances en espèces** : Après paiement de trois annuités, la Compagnie peut consentir des avances à valoir sur le montant de la police. Taux d'intérêt 4 o/o. Le montant de l'avance ne peut dépasser la différence entre le prix de rachat et le montant des intérêts du prêt.
9. **Participation aux bénéfices** : Répartition annuelle et intégrale de toutes les économies de gestion, des bénéfices de mortalité

et du produit des placements entre tous les contrats en vigueur à la clôture de l'exercice. Les bénéfices peuvent être touchés de trois manières différentes.

10. **Incontestabilité** : La police est incontestable. Au cas où le souscripteur aurait par fausses déclarations ou production de pièces inexactes, cherché à induire la Compagnie en erreur sur l'importance du risque, le Conseil d'Administration peut décider l'annulation pure et simple du contrat.

11. **Changement d'occupation** : Si l'assuré devient marin, la Compagnie fait connaître à l'assuré les solutions proposées à son choix.

12. **Duel** : Couvert.

13. **Risque de guerre** : Service militaire en temps de paix couvert en Europe, en Algérie et en Tunisie. En dehors de ces limites, convention spéciale avec surprime. En cas de guerre européenne surprime à régler ultérieurement.

14. **Lieu de séjour et voyages** : Risques de voyage et séjour en dehors des limites indiquées dans la police non couverts, à moins d'une convention spéciale.

15. **Suicide** : Suicide conscient et volontaire non couvert. Après deux ans, le suicide est présumé inconscient.

16. **Risques non couverts** : Suicide volontaire et conscient, condamnation capitale pour crime de droit commun ; en cas d'homicide, le bénéficiaire coupable d'homicide volontaire sur la personne de l'assuré sera exclu de toute restitution ; les autres bénéficiaires auront droit à la part leur revenant dans la valeur de rachat.

17. **Délai pendant lequel le décès doit être notifié à la Compagnie** : Aucun délai fixé.

18. **Frais de gestion** : Le chargement maximum pour faire face aux frais d'administration est déterminé par les statuts de la Compagnie.

19. **Erreurs d'âge** : Pas de stipulation.

LA FONCIÈRE

SOCIÉTÉ ANONYME

Capital social : Fr. 20.000.000 dont Fr. 5.000 000 versés

Risques en cours le 31 Décembre 1911 (nets de réassurances) : Fr. 84.530.900

Bénéfices aux assurés en 1911 : Fr. 50.117

Dividende aux actionnaires en 1911 : Fr. 200.000 (nets d'impôts)

1. **Base du contrat :** Les déclarations du proposant et les conditions générales et particulières de la police servent de base au contrat.

2. **Fractionnement de la prime :** Prime payable annuellement d'avance, mais peut être acquittée par termes semestriels ou trimestriels.

3. **Délai de grâce :** 30 jours.

4. **Remise en vigueur :** Aucune clause prévoyant la remise en vigueur.

5. **Assurance libérée réduite :** Après que les primes pour trois années entières ont été acquittées.

6. **Prolongation de l'assurance :** Privilège de prolongation non stipulé dans la police.

7. **Rachat en espèces :** Après que les primes de trois années entières ont été payées. Le prix de rachat est déterminé d'après les bases adoptées par le Conseil d'Administration et en vigueur au jour de la demande de rachat.

8. **Avances en espèces :** Aucune stipulation dans la police.

9. **Participation aux bénéfices :** Les polices sont émises avec ou sans participation aux bénéfices. 50 à 60 % des bénéfices produits par les assurances avec participation sont répartis entre ces polices.

10. **Incontestabilité** : Aucune clause d'incontestabilité.

11. **Changement d'occupation** : Sauf convention spéciale, police résiliée de plein droit si l'assuré devient marin de profession ou fait partie, à un titre quelconque, du personnel de la flotte. Si les primes pour trois années entières n'ont pas été acquittées, la police devient sans effet et les primes payées demeurent acquises à la Compagnie.

12. **Duel** : Pas couvert.

13. **Risque de guerre** : Risques de tout service militaire couverts en temps de paix, en Europe, en Algérie et en Tunisie. Risque de guerre contre une puissance étrangère non couvert.

14. **Lieu de séjour et voyages** : Risques de voyage et séjour au-delà des limites et en dehors des contrées stipulées dans la police non couverts au cours des trois premières années, sauf convention spéciale.

15. **Suicide** : En cas de suicide conscient, assurance de nul effet et primes payées demeurent acquises à la Compagnie. Après que trois primes annuelles ont été payées, la valeur de rachat est versée aux ayants-droit.

16. **Risques non couverts** : Duel, suicide conscient, condamnation judiciaire, mort causée par le fait du bénéficiaire, mort en voyageant ou résidant pendant les trois premières années en dehors des régions permises, voyages d'explorations, expéditions armées, guerre contre une puissance étrangère, profession de marin.

17. **Délai pendant lequel le décès doit être notifié à la Compagnie** : Trois mois (six mois en cas de séjour en dehors de l'Europe)..

18. **Frais de gestion** : Le Conseil d'Administration fixe le montant des frais de toute nature à mettre à la charge des assurances.

19. **Erreurs d'âge** : Réduction proportionnelle du capital assuré ou remboursement de la différence entre la réserve mathématique existante et celle qui était nécessaire pour l'âge réel d'entrée.

LA FRANCE

SOCIÉTÉ ANONYME

Capital social : Fr. 10.000.000 dont Fr. 2.500.000 versés
Risques en cours le 31 Décembre 1911 (nets de réassurances) : Fr. 170.808.420
Bénéfices aux assurés en 1911 : Fr. 45.103
Dividende aux actionnaires en 1911 : Fr. 250.000 (nets d'impôts)

---

1. **Base du contrat :** Les déclarations, soit du contractant, soit du tiers assuré, servent de base au contrat.

2. **Fractionnement de la prime :** Prime payable annuellement d'avance, mais peut être acquittée par termes semestriels ou trimestriels.

3. **Délai de grâce :** 30 jours.

4. **Remise en vigueur :** Aucune clause prévoyant la remise en vigueur.

5. **Assurance libérée réduite :** Après que les primes pour trois années entières ont été acquittées.

6. **Prolongation de l'assurance :** Privilège de prolongation non stipulé dans la police.

7. **Rachat en espèces :** Après que les primes de trois années entières ont été payées. Le prix de rachat est déterminé d'après les bases adoptées par le Conseil d'Administration et en vigueur au jour de la demande de rachat.

8. **Avances en espèces :** Aucune stipulation dans la police, mais la Compagnie est toujours disposée à consentir un prêt sur la police.

9. **Participation aux bénéfices :** Les polices sont émises avec ou sans participation aux bénéfices. 50 % des bénéfices produits par les assurances avec participation sont répartis entre ces polices, au prorata du montant de toutes les primes acquittées. L'ayant-droit peut disposer de ses bénéfices de trois manières différentes.

10. **Incontestabilité** : Après cinq années.

11. **Changement d'occupation** : Sauf convention spéciale, police résiliée de plein droit si l'assuré devient marin de profession ou fait partie, à un titre quelconque, du personnel naval de l'Etat ou de la marine marchande. Si les primes pour trois années entières n'ont pas été acquittées, la police devient sans effet et les primes payées demeurent acquises à la Compagnie.

12. **Duel** : Pas couvert.

13. **Risque de guerre** : Risques de tout service militaire couverts en temps de paix, en Europe, en Algérie et en Tunisie. Risque de guerre contre une puissance étrangère non couvert, à moins d'une convention expresse et spéciale.

14. **Lieu de séjour et voyages** : Risques de voyage et séjour au-delà des limites et en dehors des contrées stipulées dans la police non couverts au cours des trois premières années, sauf convention spéciale

15. **Suicide** : En cas de suicide conscient, assurance de nul effet et primes payées demeurent acquises à la Compagnie. Après que trois primes annuelles ont été payées, la valeur de rachat est versée aux ayants-droit.

16. **Risques non couverts** : Duel, suicide conscient, condamnation judiciaire, mort causée par le fait du bénéficiaire, mort en voyageant ou résidant pendant les trois premières années en dehors des régions permises, voyages d'explorations, expéditions armées, aviation et aérostation, guerre contre une puissance étrangère, profession de marin.

17. **Délai pendant lequel le décès doit être notifié à la Compagnie** : Trois mois (six mois en cas de séjour en dehors de l'Europe). Si les pièces justificatives ne sont pas produites dans le délai d'un an, à compter du décès de l'assuré, la Compagnie n'est tenue au paiement d'aucune somme du chef de l'assurance.

18. **Frais de gestion** : Le Conseil d'Administration fixe le montant des frais de toute nature à mettre à la charge des assurances.

19. **Erreurs d'âge** : Aucune stipulation dans la Police.

LE MONDE

SOCIÉTÉ ANONYME

Capital social : Fr. 10.000.000 dont Fr. 2.500.000 versés
Risques en cours le 31 Décembre 1911 (nets de réassurances) : Fr. 72.851.418
Bénéfices aux assurés en 1911 : Fr. 10.842
Dividende aux actionnaires en 1911 : Fr. 100.000 (nets d'impôts)

---

1. **Base du contrat :** Les déclarations. soit du contractant, soit du tiers assuré, servent de base au contrat.

2. **Fractionnement de la prime :** Prime payable annuellement d'avance, mais peut être acquittée par termes semestriels ou trimestriels.

3. **Délai de grâce :** 30 jours.

4. **Remise en vigueur :** Aucune clause prévoyant la remise en vigueur.

5. **Assurance libérée réduite :** Après que les primes pour trois années entières ont été acquittées.

6. **Prolongation de l'assurance :** Privilège de prolongation non stipulé dans la police.

7. **Rachat en espèces :** Après que les primes de trois années entières ont été payées. Le prix de rachat est déterminé d'après les bases adoptées par le Conseil d'Administration et en vigueur au jour de la demande de rachat.

8. **Avances en espèces :** Aucune stipulation dans la Police.

9. **Participation aux bénéfices :** Les Polices sont émises avec ou sans participation aux bénéfices.

10. **Incontestabilité** : Après cinq années, pour réticences ou fausses déclarations.

11. **Changement d'occupation** : Sauf convention spéciale, Police résiliée de plein droit si l'assuré devient marin de profession ou fait partie, à un titre quelconque, du personnel de la flotte. Si les primes pour trois années entières n'ont pas été acquittées, la police devient sans effet et les primes payées demeurent acquises à la Compagnie.

12. **Duel** : Pas couvert.

13. **Risque de guerre** : Risques de tout service militaire couverts en temps de paix, en Europe, en Algérie et en Tunisie. Risque de guerre contre une puissance étrangère non couvert, à moins d'une convention spéciale.

14. **Lieu de séjour et voyages** : Risques de voyage et séjour au-delà des limites et en dehors des contrées stipulées dans la police non couverts, sauf convention spéciale.

15. **Suicide** : En cas de suicide conscient, assurance de nul effet et primes payées demeurent acquises à la Compagnie. Après que trois primes annuelles ont été payées, la valeur de rachat est versée aux ayants-droit.

16. **Risques non couverts** : Duel, suicide conscient, condamnation judiciaire, mort causée par le fait du bénéficiaire, mort en voyageant ou résidant en dehors des régions permises, voyages d'explorations, expéditions armées, guerre contre une puissance étrangère, profession de marin, aviation.

17. **Délai pendant lequel le décès devra être notifié à la Compagnie** : Trois mois (six mois en cas de séjour en dehors de l'Europe). Faute de réclamation dans ce délai la Compagnie cessera d'être responsable du montant de l'assurance.

18. **Frais de gestion** : Le Conseil d'Administration fixe le montant des frais de toute nature à mettre à la charge des assurances.

19. **Erreurs d'âge** : Réduction proportionnelle du capital assuré ou remboursement, sans intérêts, des sommes perçues en trop sur les primes.

LA MONDIALE

COMPAGNIE MUTUELLE

La gestion de La Mondiale a été confiée pour une durée de vingt ans à la Société de direction et de garantie de Compagnies mutuelles d'assurances sur la vie, société anonyme au capital de trois millions.

Assurances en cours le 31 Décembre 1911 : Fr. 101.959.540
Bénéfices inscrits aux comptes des assurés, en 1911 : Fr. 309.821

---

1. **Base du contrat :** Le contrat est soumis aux conditions générales déterminées par les statuts et règlements de la Compagnie.

2. **Fractionnement de la prime :** Les cotisations peuvent être payées par versements annuels, semestriels, trimestriels ou mensuels.

3. **Délai de grâce :** 30 jours.

4. **Remise en vigueur :** En cas d'impossibilité provisoire dûment constatée. le Conseil d'Administration peut accorder un sursis de paiement pendant lequel les droits du bénéficiaire sont suspendus. A l'expiration du délai de sursis les cotisations échues. augmentées d'un intérêt de retard. doivent être payées. La Compagnie a le droit de réclamer un certificat médical avant de remettre le contrat en vigueur.

5. **Assurance libérée réduite :** Facultative après paiement de trois annuités au moins.

6. **Prolongation de l'assurance :** Facultative après versement de trois annuités au moins.

7. **Rachat en espèces :** Après que trois annuités ont été payées. Le montant de la valeur de rachat est indiqué année par année dans la police.

8. **Avances en espèces :** Après paiement de trois annuités la Compagnie peut consentir des avances à valoir sur le montant de la police. Le taux d'intérêt est déterminé par le Conseil d'Administration. Le montant de l'avance n'est pas stipulé dans la police.

9. **Participation aux bénéfices :** Tous les bénéfices appartiennent aux assurés. Les bénéfices sont distribués aux assurés à la fin de chaque période de cinq ans, à condi-

tion que leur contrat ait été en cours pendant toute la période quinquennale. Toutefois, les bénéfices attribués aux contrats arrivés à échéance en cours de période, sont définitivement acquis. Les bénéfices peuvent être touchés de quatre manières différentes.

10. **Incontestabilité** : La police est incontestable. Art. 12 des Statuts : « Toute fausse déclaration ou production de pièces inexactes, faite de mauvaise foi et dans un but manifestement frauduleux entraîne la déchéance et la perte de tous droits ».

11. **Changement d'occupation** : Pas de restrictions.

12. **Duel** : Couvert.

13. **Risque de guerre** : En cas de guerre atteignant le territoire continental de l'un des pays où fonctionne la Compagnie, le service des recouvrements est suspendu pendant toute la durée des hostilités. Les assurés qui, au début des hostilités, font partie de l'armée territoriale ou des services auxiliaires sont couverts gratuitement de tous les risques de guerre. La surprime ne dépassera, en aucun cas, dix pour cent du capital assuré.

14. **Lieu de séjour et voyages** : Pas de restrictions.

15. **Suicide** : En cas de suicide au cours de la première année, la Compagnie se réserve d'annuler l'effet du contrat, mais elle doit prouver le fait matériel du suicide.

16. **Risques non couverts** : Éventuellement suicide pendant la première année. Pour le risque de guerre, voir n° 13.

17. **Délai pendant lequel le décès doit être notifié à la Compagnie** : Aucun délai fixé.

18. **Frais de gestion** : Le chargement maximum pour faire face aux frais d'administration est déterminé par les statuts de la Compagnie.

19. **Erreurs d'âge** : Pas de stipulation.

LA MUTUELLE=VIE

COMPAGNIE MUTUELLE

Assurances en cours le 31 Déc. 1911 (nets de réassurances) : Fr. 50.208.304
Bénéfices aux assurés en 1911 : Fr. 172.142
Dividende en 1911 aux souscripteurs du fonds temporaire de garantie : Fr. 31.944

1. **Base du contrat :** Les déclarations, soit du contractant, soit du tiers assuré, servent de base au contrat.

2. **Fractionnement de la prime :** Les cotisations sont payables d'avance, soit par an, soit par semestre, soit par trimestre. Les termes complétant la première annuité sont exigibles à leur échéance.

3. **Délai de grâce :** 30 jours.

4. **Remise en vigueur :** Sur demande faite avant la clôture de l'exercice pendant lequel a eu lieu la résiliation.

5. **Assurance libérée réduite :** Après que les primes pour trois années entières ont été payées.

6. **Prolongation de l'assurance :** Pas de prolongation stipulée.

7. **Rachat en espèces :** Après que les cotisations pour trois années entières ont été payées.

8. **Avances en espèces :** Aucune mention de prêts dans la police.

9. **Participation aux bénéfices :** Tous les bénéfices appartiennent aux assurés. L'assuré peut disposer de ses dividendes de trois manières différentes. Faute de déclaration l'assuré est considéré comme ayant opté pour l'augmentation du capital assuré.

10. **Incontestabilité** : Aucune clause d'incontestabilité.

11. **Changement d'occupation** : Si l'assuré devient marin, la police, faute de convention particulière et paiement de surprime, est de plein droit résiliée.

12. **Duel** : Risque non couvert.

13. **Risque de guerre** : Faute de déclaration et paiement de surprime, les risques de service militaire en Algérie ou en dehors de l'Europe, ainsi que de service de guerre contre une puissance étrangère ne sont pas couverts.

14. **Lieu de séjour et voyages** : Sauf déclaration et paiement de surprime les voyages ou le séjour en dehors des limites de l'Europe et de l'Algérie ne sont pas couverts.

15. **Suicide :** Risque de suicide volontaire (ou involontaire, dû à l'aliénation par alcoolisme) non couvert.

16. **Risques non couverts** : Duel, suicide, condamnation judiciaire, occupation de marin, voyage ou séjour hors des limites de l'Europe et de l'Algérie, service militaire en dehors de l'Europe, service de guerre contre une puissance étrangère, mort causée par le fait du bénéficiaire du contrat.

17. **Délai pendant lequel le décès doit être notifié à la Compagnie** : Trois mois (six mois pour l'assuré décédé hors des limites de l'Europe et de l'Algérie). A défaut de notification et de dépôt des pièces justificatives dans le délai d'une année, à compter du décès de l'assuré, la Compagnie est dégagée de toute obligation de paiement.

18. **Frais de gestion** : Les charges sociales sont énumérées aux statuts de la Compagnie.

19. **Erreurs d'âge** : Aucune stipulation.

LA NATIONALE

SOCIÉTÉ ANONYME

Capital social : Fr. 15.000.000 dont Fr. 3.750.000 versés
Risques en cours le 31 Décembre 1911 (nets de réassurances) : Fr. 901.537.960
Bénéfices aux assurés en 1911 : Fr. 1.441.096
Dividende aux actionnaires en 1911 : Fr. 5.040.000 (nets d'impôts)

1. **Base du contrat** : Les déclarations, soit du contractant, soit du tiers assuré, servent de base au contrat.

2. **Fractionnement de la prime** : Prime payable annuellement d'avance, mais peut être acquittée par termes semestriels ou trimestriels.

3. **Délai de grâce** : 30 jours.

4. **Remise en vigueur** : Aucune clause prévoyant la remise en vigueur.

5. **Assurance libérée réduite** : Après que les primes pour trois années entières ont été acquittées.

6. **Prolongation de l'assurance** : Privilège de prolongation non stipulé dans la police.

7. **Rachat en espèces** : Après que les primes de trois années entières ont été payées. Le prix de rachat est déterminé d'après les bases adoptées par le Conseil d'Administration et en vigueur au jour de la demande de rachat.

8. **Avances en espèces** : Aucune stipulation.

9. **Participation aux bénéfices** : Les polices sont émises avec ou sans participation aux bénéfices. La moitié des bénéfices produits par les assurances avec participation est répartie entre ces polices au prorata du montant des primes payées. L'ayant-droit peut disposer de ses bénéfices de trois manières différentes. A défaut d'option faite, il est considéré comme ayant opté pour le paiement en espèces et sa quote-part est tenue à sa disposition sans intérêts.

10. **Incontestabilité** : Aucune clause d'incontestabilité.

11. **Changement d'occupation** : Police résiliée de plein droit si l'assuré devient marin de profession ou fait partie à un titre quelconque du personnel de la flotte. Si les primes pour trois années entières n'ont pas été acquittées, la police devient sans effet et les primes payées demeurent acquises à la Compagnie.

12. **Duel** : Aucune stipulation.

13. **Risque de guerre** : Risques de tout service militaire couverts en temps de paix, en Europe, en Algérie et en Tunisie. Risque de guerre non couvert contre une puissance étrangère, sauf convention spéciale.

14. **Lieu de séjour et voyages** : Risques de voyage et séjour au-delà des limites et en dehors des contrées stipulées dans la police non couverts au cours des trois premières années, à moins d'une convention expresse et spéciale.

15. **Suicide** : En cas de suicide conscient, assurance de nul effet et primes payées demeurent acquises à la Compagnie. Après que trois primes annuelles ont été payées, la valeur de rachat est versée aux ayants-droit.

16. **Risques non couverts** : Suicide conscient, condamnation judiciaire, mort causée par le fait du bénéficiaire, mort en voyageant ou résidant pendant les trois premières années en dehors des régions permises, voyages d'explorations, expéditions armées, guerre contre une puissance étrangère, profession de marin.

17. **Délai pendant lequel le décès doit être notifié à la Compagnie** : Trois mois (six mois en cas de séjour en dehors de l'Europe).

18. **Frais de gestion** : Le Conseil d'Administration fixe le montant des frais de toute nature à mettre à la charge des assurances.

19. **Erreurs d'âge** : Réduction proportionnelle du capital assuré ou remboursement sans intérêts des sommes perçues en trop sur les primes.

LE NORD

SOCIÉTÉ ANONYME

Capital social : Fr. 3.000.000 dont Fr. 750.000 versés

Risques en cours le 31 Décembre 1911 (nets de réassurances) : Fr. 55.119.823

Bénéfices aux assurés en 1911 : Fr. 17.061

Dividende aux actionnaires en 1911 : F. 54.000 (nets d'impôts)

———

1 . **Base du contrat :** Les déclarations, soit du contractant, soit du tiers assuré, servent de base au contrat.

2 . **Fractionnement de la prime :** Prime payable annuellement d'avance, mais peut être acquittée par termes semestriels ou trimestriels.

3 . **Délai de grâce :** 30 jours.

4 . **Remise en vigueur :** Aucune clause prévoyant la remise en vigueur.

5 . **Assurance libérée réduite :** Après que les primes pour trois années entières ont été acquittées.

6 . **Prolongation de l'assurance :** Privilège de prolongation non stipulé dans la police.

7 . **Rachat en espèces :** Après que les primes de trois années entières ont été payées. Pour les assurances mixtes, le prix de rachat est la valeur du capital réduit escompté pour le temps restant à courir jusqu'au jour de l'expiration de la police.

8 . **Avances en espèces :** Aucune stipulation dans la police.

9 . **Participation aux bénéfices :** Les polices sont émises sans participation aux bénéfices.

10. **Incontestabilité** : Aucune stipulation d'incontestabilité. Toute réticence, toute fausse
déclaration qui diminueraient l'opinion
du risque, annulent l'assurance, et dans
ce cas les primes payées demeurent
acquises à la Compagnie.

11. **Changement d'occupation** : Police résiliée de plein
droit, à moins d'une convention spéciale, si l'assuré devient marin de profession ou fait partie, à un titre quelconque, du personnel de la flotte ; s'il
prend part à des courses d'automobiles
ou se livre à l'aviation et à l'aérostation.
Si les primes pour trois années entières
n'ont pas été acquittées, la police
devient sans effet et les primes payées
demeurent acquises à la Compagnie.

12. **Duel** : Couvert.

13. **Risque de guerre** : Risques de tout service militaire
couverts en temps de paix, en Europe,
en Algérie et en Tunisie. Risque de
guerre contre une puissance étrangère
non couvert, à moins d'une convention spéciale.

14. **Lieu de séjour et voyages** : Risques de voyage et
séjour au-delà des limites et en dehors
des contrées stipulées dans la police
non couverts, à moins d'une convention spéciale.

15. **Suicide** : En cas de suicide conscient, assurance de
nul effet et primes payées demeurent
acquises à la 'Compagnie. Après que
trois primes annuelles ont été payées
la valeur de rachat est versée aux
ayants-droit.

16. **Risques non couverts** : Suicide conscient, condamnation judiciaire, mort causée par le fait
du bénéficiaire, mort en voyageant
ou résidant en dehors des régions
permises, guerre contre une puissance étrangère, profession de marin ;
participation à des courses d'automobiles, aviation, aérostation.

17. **Délai pendant lequel le décès doit être notifié à la
Compagnie** : Trente jours.

18. **Frais de gestion** : Le Conseil d'Administration fixe
le montant des frais de toute nature à
mettre à la charge des assurances.

19. **Erreurs d'âge** : Aucune stipulation dans la police.

LE PATRIMOINE

SOCIÉTÉ ANONYME

Capital social : Fr. 2.000.000 dont Fr. 625.000 versés

Risques en cours le 31 Décembre 1911 (nets de réassurances) : Fr. 40.336.282

Bénéfices aux assurés en 1911 : Fr. 894

Dividende aux actionnaires en 1911 : Fr. Néant

---

1. **Base du contrat** : Les déclarations du contractant et de l'assuré servent de base au contrat.

2. **Fractionnement de la prime** : Prime payable annuellement d'avance, mais peut être payée par fraction semestrielle ou trimestrielle.

3. **Délai de grâce** : 30 jours.

4. **Remise en vigueur** : Aucune clause prévoyant la remise en vigueur.

5. **Assurance libérée réduite** : Après que les primes pour trois années entières ont été acquittées. Montant de la réduction indiquée, année par année, dans la police.

6. **Prolongation de l'assurance** : Privilège de prolongation non stipulé dans la police.

7. **Rachat en espèces** : Après que les primes de trois années entières ont été payées. Le prix de rachat est déterminé conformément au tableau inséré au contrat.

8. **Avances en espèces** : La Compagnie consent des avances d'une somme égale aux trois quarts de la valeur de rachat à un taux d'intérêt fixé par le Conseil d'Administration.

9. **Participation aux bénéfices** : Les polices sont émises avec ou sans participation aux bénéfices. La base et le mode de calcul des bénéfices sont déterminés par le Conseil d'Administration.

10. **Incontestabilité** : Après cinq années, assurance incontestable à cause de réticences ou fausses déclarations.

11. **Changement d'occupation** : Sauf convention spéciale, police résiliée de plein droit si l'assuré devient marin ou fait partie à un titre quelconque du personnel de la flotte. Si les primes pour trois années entières n'ont pas été acquittées, la police devient sans effet et les primes payées demeurent acquises à la Compagnie.

12. **Duel** : Couvert.

13. **Risque de guerre** : Risques de tout service militaire couverts en temps de paix en France, en Algérie et en Tunisie. Risque de guerre contre une puissance étrangère non couvert, à moins d'une convention spéciale.

14. **Lieu de séjour et voyages** : Risques de voyage et séjour au-delà des limites et en dehors des contrées stipulées dans la police non couverts, sauf convention spéciale.

15. **Suicide** : En cas de suicide conscient, assurance de nul effet et primes payées demeurent acquises à la Compagnie. Après que trois primes annuelles ont été payées, la valeur de rachat est versée aux ayants-droit.

16. **Risques non couverts** : Suicide conscient, condamnation judiciaire, mort causée par le fait du bénéficiaire, attentat de la part du bénéficiaire à la vie de l'assuré, mort en voyageant ou résidant en dehors des régions permises, guerre contre une puissance étrangère, voyages d'exploration. expédition armée, profession de marin.

17. **Délai pendant lequel le décès doit être notifié à la Compagnie** : Trois mois (six mois pour l'assuré en voyage en dehors du continent ou militaire en campagne).

18. **Frais de gestion** : Le Conseil d'Administration fixe le montant des frais de toute nature à mettre à la charge des assurances.

19. **Erreurs d'âge** : Réduction proportionnelle du capital assuré, ou remboursement, sans intérêt, des sommes perçues en trop sur les primes.

LE PHÉNIX

SOCIÉTÉ ANONYME

Capital social : Fr. 4.000.000 dont Fr. 1.200.000 versés
Risques en cours au 31 Décembre 1911 (nets de réassurances) : Fr. 642.609.240
Bénéfices aux assurés en 1911 : Fr. 383.442
Dividende aux actionnaires en 1911 : Fr. 1.400.000 (nets d'impôts)

1. **Base du contrat :** Les déclarations du proposant (ou du tiers assuré) et les conditions générales et particulières servent de base au contrat.

2. **Fractionnement de la prime :** Prime payable annuellement d'avance, mais peut être acquittée par termes semestriels ou trimestriels.

3. **Délai de grâce :** 30 jours.

4. **Remise en vigueur :** Moyennant production d'un certificat médical dans le délai d'un an, si les primes pour trois années entières n'ont pas été acquittées ; autrement, à quelque moment que ce soit.

5. **Assurance libérée réduite :** Après que les primes pour trois années entières ont été acquittées.

6. **Prolongation de l'assurance :** Privilège de prolongation non stipulé dans la police.

7. **Rachat en espèces :** Après que les primes des trois premières années ont été acquittées. Pour les assurances mixtes, le prix de de rachat est la valeur du capital réduit, escompté à 4 % en principe, sauf réserve pour le cas de forte baisse de la rente française.

8. **Avances en espèces :** Jusqu'à concurrence des neuf-dixièmes de la valeur de rachat, aux conditions en vigueur au moment de l'avance.

9. **Participation aux bénéfices :** Les polices dites « complètes » sont émises avec participation aux trois quarts des bénéfices produits par ces assurances. La répartition se fait au prorata de la prime annuelle, entre toutes les polices de cette catégorie dont la quatrième prime annuelle est échue le 30 juin de l'exercice ayant produit les bénéfices.

10. **Incontestabilité** : Aucune clause d'incontestabilité.

11. **Changement d'occupation** : N'a d'influence que si l'assuré est ou devient marin de profession ou fait partie à un titre quelconque du personnel d'un bâtiment de mer.

12. **Duel** : Couvert après les trois premiers mois de l'assurance.

13. **Risque de guerre** : Risques de tout service militaire couverts en temps de paix, en Europe, en Algérie et en Tunisie. Risque de guerre non couvert contre une puissance étrangère, sauf convention spéciale.

14. **Lieu de séjour et voyages** : Risques de voyage et séjour dans le monde entier couverts, à l'exception de la participation à une expédition à main armée ou à un voyage d'exploration.

15. **Suicide** : Suicide conscient non couvert. La Compagnie rembourse aux bénéficiaires le montant des primes payées, sans addition d'intérêts.

16. **Risques non couverts** : Suicide conscient, mort causée par le fait intentionnel de l'ayant-droit, expédition à main armée, voyage d'exploration, duel dans les trois premiers mois, guerre contre une puissance étrangère, profession de marin.

17. **Délai pendant lequel le décès doit être notifié à la Compagnie** : Trois mois (six mois en cas de séjour en dehors de l'Europe).

18. **Frais de gestion** : Aucune stipulation.

19. **Erreurs d'âge** : Réduction proportionnelle du capital assuré ou remboursement de la différence entre la réserve mathématique existante et celle qui était nécessaire pour l'âge réel d'entrée.

COMPAGNIE DU SOLEIL

SOCIÉTÉ ANONYME

Capital social : Fr. 12.000.000 dont Fr. 3.000.000 versés

Risques en cours le 31 Décembre 1911 (nets de réassurances) : Fr. 133.265.249

Bénéfices aux assurés en 1911 : Fr. 7.932

Dividende aux actionnaires en 1911 : Fr. 150.000 (nets d'impôts)

---

1. **Base du contrat** : Les déclarations, soit du contractant, soit du tiers assuré, servent de base au contrat.

2. **Fractionnement de la prime** : Prime payable d'avance, soit pour l'année entière, soit pour une partie de l'année.

3. **Délai de grâce** : 30 jours.

4. **Remise en vigueur** : Aucune clause prévoyant la remise en vigueur.

5. **Assurance libérée réduite** : Après que les primes pour trois années entières ont été acquittées.

6. **Prolongation de l'assurance** : Privilège de prolongation non stipulé dans la police.

7. **Rachat en espèces** : Après que les primes de trois années entières ont été payées. Le prix de rachat est déterminé d'après les bases adoptées par le Conseil d'Administration et en vigueur au jour de la demande de rachat.

8. **Avances en espèces** : La Compagnie consent des avances sur les polices ayant une valeur de rachat, aux conditions fixées par le Conseil d'Administration.

9. **Participation aux bénéfices** : Les polices sont émises avec ou sans participation aux bénéfices.

10, **Incontestabilité** : Après trois années, assurance incontestable pour réticences ou fausses
déclarations.

11. **Changement d'occupation** : Sauf convention spéciale, police résiliée de plein droit si
l'assuré devient marin. Si les primes
pour trois années entières n'ont pas
été acquittées, la police devient sans
effet et les primes payées demeurent
acquises à la Compagnie.

12. **Duel** : Pas couvert.

13. **Risque de guerre** : Risques de tout service militaire
couverts en temps de paix, en France,
en Algérie, en Tunisie et dans les autres colonies françaises non sujettes à
surprime. Risque de guerre contre une
puissance étrangère non couvert, à
moins d'une convention spéciale.

14. **Lieu de séjour et voyages** : Risques de voyage et
séjour au-delà des limites et en dehors
des contrées stipulées dans la police
non couverts, sauf convention spéciale.

15. **Suicide** : En cas de suicide conscient, assurance de
nul effet et primes payées demeurent
acquises à la Compagnie. Après que
trois primes annuelles ont été payées,
la valeur de rachat est versée aux
ayants-droit.

16. **Risques non couverts** : Suicide conscient, duel, condamnation judiciaire, mort causée par
le fait du bénéficiaire, mort en voyageant ou résidant en dehors des régions
permises, guerre contre une puissance
étrangère, profession de marin, exercices anormaux, courses d'automobiles, aviation, aérostation.

17. **Délai pendant lequel le décès doit être notifié à la
Compagnie** : Aucune stipulation dans
la police.

18. **Frais de gestion** : Le Conseil d'Administration fixe
le montant des frais de toute nature à
mettre à la charge des assurances.

19. **Erreurs d'âge** : Réduction proportionnelle du capital
assuré, ou remboursement, sans intérêt,
des sommes perçues en trop sur les
primes.

L'UNION

SOCIÉTÉ ANONYME.

Capital social : Fr. 10.000.000 dont Fr. 2.500.000 versés
Risques en cours au 31 Décembre 1911 (nets de réassurances) : Fr. 378.503.786
Bénéfices aux assurés en 1911 : Fr. 408.329
Dividende aux actionnaires en 1911 : Fr. 660.000 (nets d'impôts)

———

1. **Base du contrat** : Les déclarations, soit du contractant, soit du tiers assuré, servent de base au contrat.

2. **Fractionnement de la prime** : Prime payable annuellement d'avance, mais peut être acquittée par termes semestriels ou trimestriels.

3. **Délai de grâce** : 30 jours.

4. **Remise en vigueur** : Aucune clause prévoyant la remise en vigueur.

5. **Assurance libérée réduite** : Après que les primes pour trois années entières ont été acquittées.

6. **Prolongation de l'assurance** : Privilège de prolongation non stipulé dans la police.

7. **Rachat en espèces** : Après que les primes de trois années entières ont été payées. Le prix de rachat est déterminé d'après les bases adoptées par le Conseil d'Administration et en vigueur au jour de la demande de rachat.

8. **Avances en espèces** : Aucune stipulation.

9. **Participation aux bénéfices** : Les polices sont émises avec ou sans participation aux bénéfices. La moitié des bénéfices produits par les assurances avec participation est répartie entre ces polices. L'ayant-droit peut disposer de ses bénéfices de trois manières différentes. A défaut d'option faite, il est considéré comme ayant opté pour l'augmentation du capital assuré.

10. **Incontestabilité** : Aucune clause d'incontestabilité.

11. **Changement d'occupation** : Police résiliée de plein droit si l'assuré devient marin de profession ou fait partie, à un titre quelconque, du personnel de la flotte. Si les primes pour trois années entières n'ont pas été acquittées, la police devient de plein droit sans effet et les primes payées demeurent acquises à la Compagnie.

12. **Duel** : Aucune stipulation.

13. **Risque de guerre** : Risques de tout service militaire couverts en temps de paix, en Europe, en Algérie et en Tunisie. Risque de guerre non couvert contre une puissance étrangère, sauf convention spéciale.

14. **Lieu de séjour et voyages** : Risques de voyage et séjour au-delà des limites et en dehors des contrées stipulées dans la police non couverts au cours des trois premières années, à moins d'une convention spéciale.

15. **Suicide** : En cas de suicide conscient, assurance de nul effet et primes payées demeurent acquises à la Compagnie. Après que trois primes annuelles ont été payées, la valeur de rachat est versée aux ayants-droit.

16. **Risques non couverts** : Suicide conscient, condamnation judiciaire, mort causée par le fait du bénéficiaire, mort en voyageant ou résidant pendant les trois premières années en dehors des régions permises, voyages d'explorations, expéditions armées, guerre contre une puissance étrangère, profession de marin.

17. **Délai pendant lequel le décès doit être notifié à la Compagnie** : Trois mois (six mois en cas de séjour en dehors de l'Europe).

18. **Frais de gestion** : Le Conseil d'Administration fixe le montant des frais de toute nature à mettre à la charge des assurances.

19. **Erreurs d'âge** : Réduction proportionnelle du capital assuré ou remboursement sans intérêts des sommes perçues en trop sur les primes.

L'URBAINE

SOCIÉTÉ ANONYME

Capital social : Fr. 12.000.000 dont Fr. 5.125.600 versés
Risques en cours le 31 Décembre 1911 (nets de réassurances) : Fr. 431.866.623
Bénéfices aux assurés en 1911 : Fr. 206.469
Dividende aux actionnaires en 1911 : Fr. 496.280 (nets d'impôts)

---

1. **Base du contrat** : Les déclarations, soit du contractant, soit du tiers assuré, servent de base au contrat.

2. **Fractionnement de la prime** : Prime payable annuellement d'avance, mais peut être acquittée par termes semestriels ou trimestriels.

3. **Délai de grâce** : 30 jours.

4. **Remise en vigueur** : Aucune clause prévoyant la remise en vigueur.

5. **Assurance libérée réduite** : Après que les primes pour trois années entières ont été acquittées.

6. **Prolongation de l'assurance** : Privilège de prolongation non stipulé dans la police.

7. **Rachat en espèces** : Après que les primes de trois années entières ont été payées. Pour les assurances mixtes, le prix de rachat est la valeur du capital réduit escompté à 4 %.

8. **Avances en espèces** : Aucune stipulation.

9. **Participation aux bénéfices** : Les polices sont émises avec ou sans participation aux bénéfices. La moitié des bénéfices produits par les assurances avec participation est répartie entre ces polices au prorata du montant des primes payées. La quote-part des bénéfices attribuée est payée en espèces.

10. **Incontestabilité** : Après cinq ans, pour cause de déclarations fausses ou réticences.

11. **Changement d'occupation** : Police résiliée de plein droit si l'assuré, sans convention spéciale, devient marin de profession, ou adopte une profession constituant une aggravation de risque, se livre à des exercices anormaux ou prend part à des courses.

12. **Duel** : Non couvert.

13. **Risque de guerre** : Risques de tout service militaire couverts en temps de paix, en Europe, en Algérie et en Tunisie. Risque de guerre non couvert contre une puissance étrangère, sauf convention spéciale et paiement d'une surprime.

14. **Lieu de séjour et voyages** : Risques de voyage et séjour non couverts au-delà des limites et en dehors des contrées stipulées dans une feuille de risques de voyages jointe à la police, à moins d'une convention spéciale.

15. **Suicide** : En cas de suicide, assurance de nul effet et primes payées demeurent acquises à la Compagnie. Après que trois primes annuelles ont été payées, la valeur de rachat est versée aux ayants-droit.

16. **Risques non couverts** : Duel, suicide, condamnation judiciaire, mort causée par le fait du bénéficiaire, mort en voyageant ou résidant en dehors des régions permises, voyages d'explorations, guerre contre une puissance étrangère, profession de marin, adoption d'une profession constituant une aggravation de risque, exercices anormaux, participation à des courses.

17. **Délai pendant lequel le décès doit être notifié à la Compagnie** : Trois mois (six mois en cas de séjour en dehors de l'Europe).

18. **Frais de gestion** : Le Conseil d'Administration fixe le montant des frais de toute nature à mettre à la charge des assurances.

19. **Erreurs d'âge** : Réduction proportionnelle du capital assuré ou remboursement sans intérêts des sommes perçues en trop sur les primes.

II

COMPAGNIES ÉTRANGÈRES

ASSICURAZIONI GÉNÉRALI
A TRIESTE

COMPAGNIE ANONYME

Capital Social : Fr. 6.615.000
Risques en cours au 31 Décembre 1911 : Fr. 1.249.279.718
Bénéfices aux assurés en 1911 : Fr. 1.865.076
Dividende aux actionnaires en 1911 : Fr. 2.250.000

1. **Base du contrat** : Les déclarations, soit du contractant, soit du tiers assuré, servent de base au contrat.

2. **Fractionnement de la prime** : La prime peut être acquittée annuellement ou par termes semestriels ou trimestriels.

3. **Délai de grâce** : 30 jours.

4. **Remise en vigueur** : Pendant les cinq mois qui suivent le délai de grâce moyennant paiement de la prime arriérée et intérêt à 5 % l'an.

5. **Assurance libérée réduite** : Après que les primes pour trois années entières ont été acquittées. Valeur de réduction indiquée dans la police.

6. **Prolongation de l'assurance** : Privilège de prolongation non stipulé dans la police.

7. **Rachat en espèces** : Après que les primes de trois annees entières ont été payées. Prix de rachat indiqué dans la police.

8. **Avances en espèces** : Après paiement de trois années de primes, jusqu'à concurrence du prix de rachat. Intérêt 4 1/2 %, payable d'avance.

9. **Participation aux bénéfices** : Les polices sont émises avec ou sans participation aux bénéfices. La moitié des bénéfices produits par les assurances avec participation est répartie entre ces polices au prorata du montant des primes payées. Les bénéfices attribués sont payés en espèces ou viennent en déduction de la prime.

10. **Incontestabilité** : Après trois années.

11. **Changement d'occupation** : Sauf convention expresse et spéciale, la police est résiliée de plein droit si l'assuré devient marin de profession ou fait partie, à un titre quelconque, du personnel de la flotte, et, dans ce cas, versement des trois quarts de la réserve.

12. **Duel** : Couvert après six mois.

13. **Risque de guerre** : Si l'assuré appartient à la réserve de l'armée territoriale, la police, en cas de guerre, reste en vigueur jusqu'à concurrence de Fr. 30.000. Si l'assuré appartient à l'armée permanente, l'assurance reste en vigueur pour la moitié du capital assuré (maximum Fr. 10.000).

14. **Lieu de séjour et voyages** : Risques de voyage et séjour au-delà des limites et en dehors des contrées stipulées dans la police non couverts au cours des six premiers mois.

15. **Suicide** : En cas de suicide durant la première année, assurance de nul effet. Paiement aux ayants-droit du montant de la réserve.

16. **Risques non couverts** : Suicide pendant la première année, mort en voyageant ou résidant pendant les six premiers mois en dehors des régions permises, voyages d'explorations, expéditions armées, guerre contre une puissance étrangère (voir N° 13), profession de marin.

17. **Délai pendant lequel le décès doit être notifié à la Compagnie** : Le plus tôt possible. Droits prescrits s'ils ne sont pas exercés dans le délai d'une année.

18. **Frais de gestion** : Les comptes approuvés par le Conseil d'administration font loi à l'égard de tous les assurés.

19. **Erreurs d'âge** : Réduction proportionnelle du capital assuré. ou remboursement sans intérêt des sommes perçues en trop sur les primes.

ATLAS

SOCIÉTÉ ANONYME

Capital social : Fr. 12 500.000

1. **Base du contrat** : Les conditions imprimées et écrites et les déclarations écrites du proposant forment la base du contrat.

2. **Fractionnement de la prime** : Prime payable d'avance, pour l'année entière, mais peut être acquittée par fractions.

3. **Délai de grâce** : Un mois. Puis lettre de rappel recommandée et quinze jours de plus, avec intérêt de retard à 5 %.

4. **Remise en vigueur** : Dans les six mois sans visite médicale et moyennant paiement des primes échues, plus 5 % d'intérêt de retard et 1 °/₀₀ du capital assuré. Passé ce délai la Compagnie décide de la remise en vigueur.

5. **Assurance libérée réduite** : Après que les primes pour trois années entières ont été acquittées. Montant de l'assurance libérée indiquée dans la police, année par année.

6. **Prolongation de l'assurance** : Après trois années, jusqu'à la fin de l'année d'assurance ; sur demande préalable, par imputation des primes suivantes sur la somme qui peut être avancée.

7. **Rachat en espèces** : Après que les primes de trois années entières ont été payées. Le prix de rachat est déterminé conformément au tableau inséré au contrat.

8. **Avances en espèces** : La Compagnie consent des avances jusqu'à concurrence de la valeur de rachat diminuée de la prime de l'année d'assurance suivante. Taux d'intérêt 5 %.

9. **Participation aux bénéfices** : Les polices participent aux bénéfices à partir de la troisième année d'assurance. Les bénéfices peuvent être employés de trois manières différentes, à l'option de l'assuré lors de la souscription de la proposition.

10. **Incontestabilité** : Dès l'origine du contrat. Si la
Compagnie a été frauduleusement in-
duite en erreur sur les conditions du
risque, elle peut se départir ou refuser
l'exécution du contrat, mais elle paiera
la moitié de la valeur de rachat, s'il y
a lieu.

11. **Changement d'occupation** : Pas de restrictions.

12. **Duel** : Aucune restriction.

13. **Risque de guerre** : Risque couvert.

14. **Lieu de séjour et voyages** : Aucune restriction.

15. **Suicide** : Suicide (conscient ou inconscient) non
couvert pendant la première année.

16. **Risques non couverts** : Suicide pendant la première
année.

17. **Délai pendant lequel le décès doit être notifié à la
Compagnie** : La Compagnie doit être
informée immédiatement du décès. En
cas de rejet d'une demande de paiement le réclamant doit faire valoir ses
droits pendant deux années devant le
tribunal compétent. Faute de quoi la
Compagnie se trouvera libérée de
toute obligation.

18. **Frais de gestion** : Aucune stipulation.

19. **Erreurs d'âge** : Réduction proportionnelle du capital assuré, ou remboursement de la
part libérée de la réserve mathématique.

LA BALOISE

SOCIÉTÉ ANONYME

Capital social : Fr. 10.000.000, libéré d'un dixième

1. **Base du contrat** : Les déclarations de l'assuré servent de base au contrat.

2. **Fractionnement de la prime** : Prime annuelle payable d'avance, mais peut être fractionnée par semestres ou trimestres.

3. **Délai de grâce** : 30 jours. Huit jours de plus, après réception d'une lettre de rappel recommandée.

4. **Remise en vigueur** : Aucune stipulation dans la police.

5. **Assurance libérée réduite** : Après que les primes pour trois années entières ont été acquittées. Exemples du montant de l'assurance libérée indiqués dans la police.

6. **Prolongation de l'assurance** : Privilège de prolongation non stipulé dans la police.

7. **Rachat en espèces** : Après que les primes de trois années entières ont été payées. Le prix de rachat est déterminé d'après les règles adoptées par la Compagnie et suivant les exemples indiqués dans la police.

8. **Avances en espèces** : La Compagnie peut accorder des avances jusqu'à concurrence du prix de rachat. Taux maximum d'intérêt 5 %.

9. **Participation aux bénéfices** : Au moins 75 % du bénéfice net résultant chaque année des assurances conclues avec participation sont attribués à un fonds de réserve pour dividendes, à répartir deux ans après l'exercice en question, la première fois dans la troisième année d'assurance, entre les assurances dont le paiement des primes n'a pas cessé. Les bénéfices sont déduits de la prime à payer. Si l'assuré est en vie à l'échéance du capital assuré, les dividendes relatifs aux deux dernières années lui sont également bonifiés (dividendes de clôture).

10. **Incontestabilité** : Après trois années.

11. **Changement d'occupation** : Pas de restrictions.

12. **Duel** : Aucune restriction.

13. **Risque de guerre** : Non couvert, sauf convention spéciale.

14. **Lieu de séjour et voyages** : Après deux années, aucune restriction. Pendant les deux premières années, voyages et séjour entre les tropiques ou dans des régions polaires hors de l'Europe non couverts, sauf convention spéciale.

15. **Suicide** : Suicide conscient non couvert pendant les deux premières années.

16. **Risques non couverts** : Pendant les deux premières années : suicide, voyages et séjour entre les tropiques, etc. Pendant toute la durée du contrat : mort des suites du service militaire de guerre sans convention spéciale ; mort en faisant usage d'aéroplanes.

17. **Délai pendant lequel le décès doit être notifié à la Compagnie** : Les sommes dues par la Compagnie doivent être réclamées au plus tard dans un délai d'un an ; en cas de force majeure, de 5 ans. Faute de quoi la Compagnie se trouvera libérée de toute obligation.

18. **Frais de gestion** : Aucune stipulation.

19. **Erreurs d'âge** : Réduction proportionnelle du capital assuré, ou remboursement des sommes perçues en trop sur les primes.

LES DANOISES RÉUNIES
(LA HAFNIA)

SOCIÉTÉ ANONYME

Capital social : 4.000.000 de couronnes

1. **Base du contrat** : Les déclarations, soit du contractant, soit du tiers assuré, servent de base au contrat.

2. **Fractionnement de la prime** : La prime peut être payée soit annuellement, soit par semestre ou par trimestre. Le contractant est tenu de payer au moins les primes d'une année.

3. **Délai de grâce** : 30 jours gratuitement, deux mois ultérieurs moyennant surprime.

4. **Remise en vigueur** : Dans un délai ne dépassant pas deux ans après la date d'échéance de la prime demeurée impayée, aux conditions spéciales fixées par la Compagnie dans chaque cas particulier.

5. **Assurance libérée réduite** : Après que les primes pour trois années entières ont été acquittées.

6. **Prolongation de l'assurance** : Privilège de prolongation non stipulé dans la police.

7. **Rachat en espèces** : Après que la police a été en vigueur pendant trois ans. Prix de rachat fixé d'après les bases de calcul en usage à la Compagnie.

8. **Avances en espèces** : Après que trois primes ont été acquittées, jusqu'à concurrence de la valeur de rachat. Prêt minimum Fr. 100. Intérêt 5 o/o.

9. **Participation aux bénéfices** : 75 o/o de l'excédent net est réparti comme bénéfices entre les assurances qui comportent la participation aux bénéfices, sur la base du coefficient stipulé dans la police, coefficient égal, ordinairement, à une prime trimestrielle.

10. **Incontestabilité** : Après deux ans de la date d'émission de la police.

11. **Changement d'occupation** : Toute obligation de la Compagnie au paiement de l'assurance cesse si, pendant les deux premières années de l'assurance, l'assuré meurt au cours ou par suite d'un voyage d'exploration ou d'une entreprise qui, au point de vue du danger à courir doit lui être assimilée (aérostation, aviation, excursion dans des contrées non civilisées, etc.).

12. **Duel** : Aucune restriction.

13. **Risque de guerre** : Le service militaire obligatoire en Europe, dans la limite des frontières de l'Algérie ou dans la Méditerranée, est couvert après que la police a été deux années en vigueur. Les militaires de profession et volontaires peuvent s'assurer contre le risque de guerre à des conditions spéciales.

14. **Lieu de séjour et voyages** : Risque de séjour ou de voyage sous les tropiques non couvert pendant les deux premières années.

15. **Suicide** : Non couvert pendant les deux premières années.

16. **Risques non couverts** : Pendant les deux premières années : suicide, participation à un voyage d'exploration, aviation, etc., séjour sous les tropiques, guerre (voir n° 13); pendant toute la durée de l'assurance : mort causée par le fait volontaire et contraire à loi. du contractant ou bénéficiaire.

17. **Délai pendant lequel le décès doit être notifié à la Compagnie** : Le plus bref délai possible. Les sommes non réclamées dans un délai de trois ans après leur échéance sont acquises à la Compagnie.

18. **Frais de gestion** : Aucune stipulation.

19. **Erreurs d'âge** : Aucune stipulation.

LA DORDRECHT

SOCIÉTE ANONYME

Capital social : Fr. 10.000.000 (libéré d'un dixième)

1. **Base du contrat** : Les déclarations, soit du contractant, soit du tiers assuré servent de base au contrat.

2. **Fractionnement de la prime** : Primes payables annuellement d'avance, mais peuvent être payées par fractions semestrielles ou trimestrielles.

3. **Délai de grâce** : 30 jours. Dans les trois mois qui suivent l'échéance, les primes peuvent être payées avec une majoration d'un demi pour cent par mois.

4. **Remise en vigueur** : Dans les douze mois qui suivent l'échéance de la première prime impayée, moyennant versement des primes arriérées et preuves de bonne santé.

5. **Assurance libérée réduite** : Après trois années. réduction jusqu'à concurrence de la réserve mathématique.

6. **Prolongation de l'assurance** : Pas de privilège de prolongation. excepté comme indiqué sous N° 3.

7. **Rachat en espèces** : Après que trois primes ont été versées. Le prix de rachat est calculé d'après les bases alors en vigueur et adoptées par le Conseil d'Administration.

8. **Avances en espéces** : Jusqu'à concurrence du prix de rachat. Intérêt 5 % par an, payable par anticipation.

9. **Participation aux bénéfices** : Polices émises avec participation aux bénéfices à partir de la deuxième année, ou sans participation.

10. **Incontestabilité** : En cas de fausses déclarations **ou** réticences, l'assurance est résiliée de plein droit et les primes payées **de**meurent acquises à la Compagnie. Après deux années entières la police est incontestable.

11. **Changement d'occupation** : Aucune stipulation dans la police.

12. **Duel** : Pas couvert pendant les deux premières années.

13. **Risque de guerre** : Pas couvert, sauf convention spéciale et paiement de surprime.

14. **Lieu de séjour et voyages** : Décès dans un voyage par mer entrepris autrement que sur un navire de première classe, ou pendant des voyages et séjour en dehors des limites indiquées dans la police, non couvert sans surprime.

15. **Suicide** : Suicide conscient non couvert pendant les deux premières années.

16. **Risques non couverts** : Pendant les deux premières années : duel, suicide conscient. Pendant toute la durée du contrat : risques de locomotion aérienne ; sauf convention spéciale et paiement de surprime, risque de guerre, occupation de marin, voyages en mer (voir N° 14), voyages et séjour en dehors des limites permises.

17. **Délai pendant lequel le décès doit être notifié à la Compagnie** : Sans retard. Les sommes dues par la Compagnie doivent être réclamées dans les trois ans qui suivent leur exigibilité, faute de quoi elles demeurent acquises à la Compagnie.

18. **Frais de gestion** : Aucune stipulation.

19. **Erreurs d'âge** : Réduction proportionnelle du capital assuré, ou restitution de la somme payée en trop par l'assuré.

L'ÉQUITABLE DES ÉTATS=UNIS

OPÉRANT SUR LA BASE DE LA MUTUALITÉ

Capital social : Fr. 518.270

Assurances en vigueur le 31 Décembre 1911 : Fr. 7.128.500.455

Bénéfices aux assurés en 1911 : Fr. 64.095.629·

Dividende aux actionnaires en 1911 : Fr. 36.278,90

(Fixé statutairement à 7 o/o)

---

1. **Base du contrat** : Le versement des primes en espèces.

2. **Fractionnement de la prime** : Prime payable annuellement d'avance, mais peut être acquittée par termes semestriels ou trimestriels.

3. **Délai de grâce** : 30 jours moyennant intérêt à 5 o/o.

4. **Remise en vigueur** : Peut s'effectuer à toute époque moyennant versement des primes arriérées avec intérêt à 5 %, et preuves de bonne santé.

5. **Assurance libérée réduite** : Sur demande de l'assuré, après que les primes pour trois années entières ont été acquittées. Montant inscrit, année par année, dans la police.

6. **Prolongation de l'assurance** : Automatiquement, après que les primes pour trois années entières ont été acquittées. Période de prolongation inscrite, année par année, dans la police.

7. **Rachat en espèces** : Après que les primes ont été payées pour trois années entières. La valeur de rachat en espèces est inscrite, année par année, dans la police.

8. **Avances en espèces** : A 5 o/o l'an après que trois primes entières ont été acquittées. Montant indiqué, année par année, dans la police.

9. **Participation aux bénéfices** : L'assuré peut disposer de ses bénéfices de quatre manières différentes. Faute d'option les bénéfices sont convertis en assurance additionnelle.

10. **Incontestabilité** : Après un an de la date d'émission
de la police.

11. **Changement d'occupation** : Pas de restrictions.

12. **Duel** : Risque couvert.

13. **Risque de guerre** : Risque couvert.

14. **Lieu de séjour et voyages** : Pas de restrictîons.

15. **Suicide** : Couvert après un an.

16. **Risques non couverts** : Suicide pendant la première
année.

17. **Délai pendant lequel le décès doit être notifié à
la Compagnie** : sans limitation.

18. **Frais de gestion** : La loi de l'État de New-York
détermine le montant maximum.

19. **Erreurs d'âge** : Réduction ou augmentation de la
somme assurée, conformément à la
différence entre la prime payée et celle
correspondant à l'âge réel.

GRESHAM LIFE ASSURANCE SOCIETY, LIMITED

SOCIÉTÉ ANONYME

1. **Base du contrat** : La proposition d'assurance forme la base du contrat. Toute assertion contraire à la bonne foi ou toute réticence de nature à déterminer le consentement de la Compagnie entraîne l'annulation de la police, toutes les primes payées demeurant acquises à la Compagnie.

2. **Fractionnement de la prime** : Prime payable annuellement, semestriellement, trimestriellement ou mensuellement.

3. **Délai de grâce** : 30 jours; si la prime est payable mensuellement, 10 jours.

4. **Remise en vigueur** : Pendant les trois ans de l'échéance de la dernière prime impayée, sous condition d'un nouvel examen médical et preuve de la non-aggravation du risque.

5. **Assurance libérée réduite** : Après que les primes pour trois années ont été acquittées. La réduction est proportionnelle au nombre de primes payées pour tous les tarif où la loi de 1905 permet cette proportionnalité.

6. **Prolongation de l'assurance** : Privilège de prolongation non stipulé dans la police.

7. **Rachat en espèces** : Après que les primes pour trois années ont été acquittées. Le taux de rachat est calculé par la Compagnie suivant ses usages en cours au moment de la demande.

8. **Avances en espèces** : Après que trois primes annuelles ont été payées. Taux d'intérêt, 5 % l'an.

9. **Participation aux bénéfices** : Des bénéfices à répartir d'après les statuts de la Compagnie, neuf-dixièmes sont attribués aux assurés avec participation. La Compagnie détermine d'une manière souveraine la part allouée aux polices individuelles.

10. **Incontestabilité** : La police est indiscutable sous réserve de cinq conditions y énumérées.

11. **Changement d'occupation** : Aucune stipulation.

12. **Duel** : Couvert après trois années.

13. **Risque de guerre** : Couvert sans surprime pour les assurés qui ne sont pas militaires de profession.

14. **Lieu de séjour et voyages** : Restrictions pendant les cinq premières années.

15. **Suicide** : Couvert après trois années. En cas de suicide pendant les trois premières années, les primes versées demeurent acquises à la Compagnie.

16. **Risques non couverts** : Duel, suicide, aérostation, aviation pendant les trois premières années ; mort en voyageant ou résidant en dehors des limites permises pendant les cinq premières années ; mort par le fait volontaire du bénéficiaire pendant toute la durée de l'assurance.

17. **Délai pendant lequel le décès doit être notifié à la Compagnie** : Cinq années.

18. **Frais de gestion** : Aucune stipulation.

19. **Erreurs d'âge** : Aucune stipulation.

LE JANUS

S O C I É T É   A N O N Y M E

Capital social : Fr. 3.750.000 dont Fr. 656.250 versés

1. **Base du contrat** : Les déclarations de l'assuré servent de base au contrat.

2. **Fractionnement de la prime** : Prime annuelle payable d'avance, mais peut être fractionnée par semestres ou trimestres.

3. **Délai de grâce** : 30 jours. 45 jours de plus, à raison de 1/2 °/₀₀ du capital assuré. Ce délai est porté à un an pour les polices ayant au moins deux années d'existence.

4. **Remise en vigueur** : Pour les polices existant depuis plus de deux années, pendant un an, sans formalité. Pendant six ans, à condition d'un examen médical satisfaisant.

5. **Assurance libérée réduite** : Après que les primes pour deux années entières ont été acquittées.

6. **Prolongation de l'assurance** : Falcultative, après que les primes pour deux années entières ont été payées.

7. **Rachat en espèces** : Après deux années, les primes ayant été intégralement payées.

8. **Avances en espèces** : Après deux années.

9. **Participation aux bénéfices** : La portion du bénéfice net revenant aux assurés, fixée par les statuts est attribuée à un fonds de réserve pour dividendes, à répartir quatre ans après l'exercice en question, la première fois au commencement de la cinquième année d'assurance, parmi les assurances dont le paiement des primes n'a pas cessé. Les bénéfices sont déduits de la prime à payer. Si l'assuré est en vie à l'échéance du capital assuré, les dividendes relatifs aux quatre dernières années lui sont encore bonifiés.

10. **Incontestabilité** : Après un an.

11. **Changement d'occupation** : Pas de restrictions.

12. **Duel** : Couvert après trois mois.

13. **Risque de guerre** : Non couvert, sauf convention spéciale et paiement de surprime.

14. **Lieu de séjour et voyages** : Après un an, aucune restriction.

15. **Suicide** : Couvert après un an.

16. **Risques non couverts** : Pendant trois mois : duel. Pendant une année : suicide conscient, voyages en dehors des limites prévues dans la police. Pendant toute la durée du contrat : mort des suites du service militaire en temps de guerre, sans convention spéciale.

17. **Délai pendant lequel le décès doit être notifié à la Compagnie** : Immédiatement. Prescription au bout de deux ans.

18. **Frais de gestion** : Aucune stipulation.

19. **Erreurs d'âge** : Réduction proportionnelle du capital assuré ou remboursement de la différence entre la réserve correspondant à l'âge correct et celle de l'âge déclaré.

LA NEW=YORK

COMPAGNIE PUREMENT MUTUELLE

Assurances en vigueur le 31 Décembre 1911 : Fr. 10.894.163.029
Bénéfices aux Assurés en 1911 : Fr. 60.584.167,76
Dividende aux Actionnaires en 1911 :
La Compagnie étant mutuelle n'a pas de capital-actions à rémunérer

1. **Base du contrat :** La police constitue tout le contrat entre les parties.

2. **Fractionnement de la prime :** Prime payable annuellement d'avance, mais peut être acquittée par termes semestriels ou trimestriels.

3. **Délai de grâce :** Un mois moyennant intérêt à 5 % l'an.

4. **Remise en vigueur :** Peut s'effectuer à toute époque moyennant versement des primes arriérées avec intérêt à 5 % l'an, et preuves de bonne santé.

5. **Assurance libérée réduite :** Sur demande de l'assuré après que les primes pour deux années entières ont été acquittées. Montant indiqué, année par année, dans la police.

6. **Prolongation de l'assurance :** Automatiquement, après que les primes pour deux années entières ont été acquittées. Période de prolongation indiquée, année par année, dans la police.

7. **Rachat en espèces :** Après que les primes ont été payées pour deux années entières. Valeur de rachat en espèces indiquée, année par année, dans la police.

8. **Avances en espèces :** A 5 % l'an après que deux primes entières ont été acquittées. Montant indiqué, année par année, dans la police.

9. **Participation aux bénéfices :** Mutualité pure. Tous les bénéfices appartiennent aux assurés. Premier dividende payé dès la fin de la deuxième année d'assurance. L'assuré peut disposer de ses bénéfices de quatre manières différentes. Faute d'option, les bénéfices sont convertis en assurance libérée avec participation aux bénéfices.

10. **Incontestabilité** : Après un an de la date d'émission
de la police.

11. **Changement d'occupation** : Pas de restrictions.

12. **Duel** : Risque couvert.

13. **Risque de guerre** : Risque couvert. Aucune surprime
exigible. Aucun permis nécessaire.

14. **Lieu de séjour et voyages** : Pas de restrictions.

15. **Suicide** : Couvert après un an. En cas de suicide au
cours de la première année, la Com-
pagnie rembourse les primes effecti-
vement encaissées.

16. **Risques non couverts** : Suicide pendant la première
année.

17. **Délai pendant lequel le décès doit être notifié à la
Compagnie** : Sans limitation.

18. **Frais de gestion** : La loi de l'État de New-York détermine le montant maximum.

19. **Erreurs d'âge** : Réduction ou augmentation de la
somme assurée, conformément à la
différence entre la prime payée et
celle correspondant à l'âge réel.

NORWICH UNION
LIFE INSURANCE SOCIETY

1. **Base du contrat** : Les déclarations, soit du contractant, soit de l'assuré, servent de base au contrat.

2. **Fractionnement de la prime** : Prime payable annuellement d'avance, mais peut être acquittée par termes semestriels ou trimestriels.

3. **Délai de grâce** : Trente jours. Un délai supplémentaire peut être accordé moyennant paiement immédiat des intérêts de retard.

4. **Remise en vigueur** : Peut être effectuée dans les douze mois du non-paiement, moyennant visite médicale et versement des primes arriérées et intérêts de retard.

5. **Assurance libérée réduite** : Après que les primes pour trois années entières ont été payées.

6. **Prolongation de l'assurance** : Privilège de prolongation non stipulé dans la police.

7. **Rachat en espèces** : Après que les primes pour trois années entières ont été payées.

8. **Avance en espèces** : Après que les primes pour trois années entières ont été acquittées.

9. **Participation aux bénéfices** : Les assurés avec participation sont avisés chaque année de la part de bénéfices à laquelle ils ont droit.

10. **Incontestabilité** : Aucune clause d'incontestabilité.

11. **Changement d'occupation** : Police nulle si l'assuré,
sans le consentement de la Compa-
gnie, s'engage dans un service de la
navigation.

12. **Duel** : Risque non couvert pendant les deux premières années sauf éventuellement
pour les droits des bénéficiaires à titre
onéreux.

13. **Risque de guerre** : Non couvert, sauf convention
spéciale dès le début du contrat.

14. **Lieu de séjour et voyages** : En temps de paix, limites
de voyages et séjour stipulées dans la
police ; après trois années sans restrictions pour les assurés qui ont atteint
ou dépassé l'âge de trente ans. En
temps de guerre entre son pays et un
pays étranger, l'assurance est nulle si
l'assuré sort de son pays sans le consentement de la Compagnie.

15. **Suicide** : Non couvert pendant les deux premières
années sauf éventuellement pour les
droits des bénéficiaires à titre onéreux.

16. **Risques non couverts** : Pendant deux années : suicide
et duel ; pendant trois années : con-
damnation judiciaire, mort causée par
le fait criminel du bénéficiaire (après
trois ans la valeur de rachat est payée),
voyages et séjour en dehors des limites
permises ; entrée dans l'armée en temps
de guerre, sauf convention spéciale.

17. **Délai pendant lequel le décès doit être notifié à la
Compagnie** : Aucune stipulation.

18. **Frais de gestion** : Aucune stipulation.

19. **Erreurs d'âge** : Aucune stipulation.

SOCIÉTÉ SUISSE D'ASSURANCES GÉNÉRALES sur la VIE HUMAINE
à ZURICH
SOCIÉTÉ MUTUELLE

1. **Base du contrat** : La proposition et les déclarations faites au médecin examinateur font partie intégrante du contrat.

2. **Fractionnement de la prime** : Primes payables annuellement d'avance, mais peuvent être payées par fractions semestrielles ou trimestrielles.

3. **Délai de grâce** : Un mois. Après que trois primes annuelles ont été payées le contrat demeure en vigueur pendant une année, et les primes peuvent être payées avec une majoration d'un demi pour cent par mois.

4. **Remise en vigueur** : Sans limitation, moyennant paiement des primes arriérées et preuves de bonne santé.

5. **Assurance libérée réduite** : Après trois années. Si le capital assuré se trouve réduit à moins de cent francs, l'assurance sera, non pas réduite, mais rachetée intégralement.

6. **Prolongation de l'assurance** : Pas de privilège de prolongation, excepté comme indiqué sous le N° 3.

7. **Rachat en espèces** : Après que trois primes ont été versées. Valeur de rachat égale à la réserve diminuée de la quinzième partie de la différence entre le montant primitif du capital assuré et la réserve afférente à ce capital. La déduction ne pourra être supérieure ni au tiers de la réserve, ni aux quatre pour cent de ce capital.

8. **Avances en espèces** : La Société peut accorder un prêt dès que les primes pour trois années ont été payées. Le montant du prêt dépend de la valeur de rachat. L'assuré a le droit d'obtenir un prêt comme ci-dessus pour l'affecter au paiement des primes.

9. **Participation aux bénéfices** : Polices avec participation aux bénéfices émises aux sociétaires. Participation selon le système

du dividende constant dès la quatrième
année. Le dividende est calculé à raison
de la moyenne de la prime fixée dans
le contrat et de la prime d'une assurance à prime viagère du même capital
pour un assuré du même âge d'entrée.

10. **Incontestabilité** : En cas de fausses déclarations ou
réticences faites sciemment, l'assurance
est résiliée de plein droit ; la Société
rembourse la moitié de la valeur de
rachat.

11. **Changement d'occupation** : Couvert.

12. **Duel** : Couvert.

13. **Risque de guerre** : Couvert sans surprime en vertu
d'un règlement spécial jusqu'à concur-
rence de Fr. 40.000, pourvu que l'assurance soit entrée en vigueur un mois
avant la déclaration de guerre.

14. **Lieu de séjour et voyages** : Pas de restrictions après
deux années. Séjour sous les tropiques
non couvert avant l'expiration de ce
délai, sauf convention spéciale.

15. **Suicide** : Suicide conscient non couvert pendant les
deux premières années, mais la réserve
afférente à l'assurance est remboursée.

16. **Risques non couverts** : Pendant les deux premières
années : suicide conscient et séjour
entre les tropiques.

17. **Délai pendant lequel le décès doit être notifié à la
Compagnie** : Sans retard. Les créances
qui dérivent du contrat d'assurance
sont éteintes après 5 ans.

18. **Frais de gestion** : Aucune stipulation.

19. **Erreurs d'âge** : Réduction proportionnelle du capital assuré, ou remboursement de la
différence des réserves et réduction
des primes ultérieures.

UNION ET PHÉNIX ESPAGNOL

SOCIÉTÉ ANONYME

Capital social : Fr. 2.000.000 entièrement versés

---

1. **Base du contrat** : Les déclarations, soit du contractant, soit du tiers assuré, servent de base au contrat.

2. **Fractionnement de la prime** : Prime payable d'avance, soit pour l'année entière, soit pour une partie de l'année.

3. **Délai de grâce** : 30 jours.

4. **Remise en vigueur** : Aucune stipulation dans la police.

5. **Assurance libérée réduite** : Après que les primes pour trois années entières ont été acquittées. Le montant de la réduction indiqué dans la police, année par année.

6. **Prolongation de l'assurance** : Privilège de prolongation non stipulé dans la police.

7. **Rachat en espèces** : Après que les primes pour trois années entières ont été payées. Prix de rachat indiqué dans la police, année par année.

8. **Avances en espèces** : Aucune stipulation dans la police.

9. **Participation aux bénéfices** : 80 % des bénéfices produits par les assurances sur la vie entière conclues avec participation sont répartis entre ces polices. Les bénéfices peuvent être touchés de trois manières différentes.

10. **Incontestabilité** : Après deux ans.

11. **Changement d'occupation** : Contrat de plein droit
résilié si l'assuré, sans convention expresse et spéciale, devient marin de
profession ; police aussi de plein droit
résiliée, si l'assuré adopte une profession ou s'il se livre habituellement à des
exercices anormaux constituant une
aggravation de risque.

12. **Duel** : Couvert après trois années.

13. **Risque de guerre** : Non couvert pour les assurés astreints au service militaire ou naval,
sauf convention spéciale et paiement
de surprime. Assurance suspendue
pendant une guerre contre une puissance étrangère.

14. **Lieu de séjour et voyages** : Après trois années aucune restriction.

15. **Suicide** : Couvert après trois ans.

16. **Risques non couverts** : Pendant trois ans : duel, suicide conscient, voyages en dehors des
limites prévues dans la police. Pendant
toute la durée du contrat : mort des
suites du service de guerre, sans convention spéciale ; voyages d'exploration ; expédition armée ; mort par le
fait du bénéficiaire.

17. **Délai pendant lequel le décès doit être notifié à la
Compagnie** : Trois mois (six mois en
cas de séjour en dehors de l'Europe).

18. **Frais de gestion** : Le Conseil d'Administration fixe
les frais de toute nature à mettre à la
charge de la police.

19. **Erreurs d'âge** : Réduction proportionnelle du capital assuré ou remboursement, sans intérêts, des sommes perçues en trop sur
les primes.

UTRECHT

SOCIÉTÉ ANONYME

Capital social : Fr. 526.315,79 (entièrement versés)

---

1. **Base du contrat** : Les déclarations faites dans la proposition et dans le certificat médical.

2. **Fractionnement de la prime** : Primes payables d'avance, par an, par semestre, par trimestre ou par mois.

3. **Délai de grâce** : 30 jours.

4. **Remise en vigueur** : Pendant 90 jours de l'échéance de la prime impayée. Ensuite, prolongation automatique.

5. **Assurance libérée réduite** : Après trois années. Montant de l'assurance réduite indiqué dans la police.

6. **Prolongation de l'assurance** : Après trois années. Durée de la prolongation indiquée dans la police.

7. **Rachat en espèces** : Après que trois primes ont été versées. Prix de rachat indiqué dans la police.

8. **Avances en espèces** : Après trois années, ne dépassant pas 95 % de la valeur de rachat. Intérêt 5 % par an, payable par anticipation par termes semestriels.

9. **Participation aux bénéfices** : La distribution des bénéfices a lieu annuellement. Les bénéfices peuvent être touchés de trois manières différentes. Les assurés participent dans la proportion de 75 % des bénéfices.

10. **Incontestabilité :** Police incontestable dès la date
de son émission.

11. **Changement d'occupation :** Couvert.

12. **Duel :** Couvert.

13. **Risque de guerre :** Pas couvert pendant les trois premières années, sauf paiement de sur-
prime.

14. **Lieu de séjour et voyages :** Pas de restrictions, à
l'exception que si l'assuré pendant les
trois premières années part pour un
séjour de plus de six mois sous les
tropiques. le risque ne sera couvert
que contre paiement de surprime.

15. **Suicide :** Suicide conscient ou inconscient, non couvert pendant la première année.

16. **Risques non couverts :** Pendant la première année :
suicide. Éventuellement pendant les
trois premières années, séjour sous les
tropiques, participation à une guerre.

17. **Délai pendant lequel le décès doit être notifié à la
Compagnie :** Aucune stipulation.

18. **Frais de gestion :** Aucune stipulation.

19. **Erreurs d'âge :** Réduction ou augmentation proportionnelle du capital assuré.

LA VICTORIA DE BERLIN

SOCIÉTÉ ANONYME

Capital Social : Fr. 7.407.407

1. **Base du contrat** : Les déclarations faites dans la proposition d'assurance servent de base au contrat.

2. **Fractionnement de la prime** : Prime payable annuellement d'avance, mais peut être acquittée par termes semestriels, trimestriels ou mensuels.

3. **Délai de grâce** : 30 jours.

4. **Remise en vigueur** : Pendant les six mois de l'échéance de la prime impayée, moyennant paiement des primes arriérées avec intérêt à 5 %, sans examen médical ; pendant les cinq années qui suivent, sous condition d'un nouvel examen médical.

5. **Assurance libérée réduite** : Après que les primes pour trois années ont été acquittées.

6. **Prolongation de l'assurance** : Privilège de prolongation non stipulé dans la police.

7. **Rachat en espèces** : Après que les primes pour trois années ont été acquittées ; prix de rachat égal à au moins 6c % de la réserve correspondant à l'assurance réduite.

8. **Avances en espèces** : Après que trois primes annuelles ont été payées. Taux d'intérêt non mentionné dans la police.

9. **Participation aux bénéfices** : Le dividende de la deuxième année est payé quatre ans après l'émission. Les dividendes des trois dernières années sont payables en espèces au cours des trois années qui suivent la cessation du paiement des primes. Les dividendes antérieurs sont déduits du montant des primes payables. Le dividende de la première année, destiné en premier lieu à couvrir en partie le risque de guerre, sera éventuellement payé à l'échéance de l'assurance.

70

10. **Incontestabilité** : Après un an.

11. **Changement d'occupation** : Couvert.

12. **Duel** : Couvert après la première année. En cas de décès provenant de duel pendant la première année la Compagnie paie la réserve.

13. **Risque de guerre** : Couvert moyennant la retenue du premier dividende, ainsi que des dividendes annuels sur les polices des assurés de chaque État belligérant. La Compagnie se réserve le droit de prélever la différence non couverte par cette retenue, au prorata des sommes assurées sur les polices de tous les survivants mâles en âge de servir, groupés séparément pour chaque État.

14. **Lieu de séjour et voyages** : Pas de restrictions.

15. **Suicide** : Aucune restriction après un an. En cas de suicide pendant la première année la Compagnie paie la réserve.

16. **Risques non couverts** : Duel et suicide pendant la première année. Risque de guerre, voir N° 13.

17. **Délai pendant lequel le décès doit être notifié à la Compagnie** : Aucune stipulation.

18. **Frais de gestion** : Aucune stipulation.

19. **Erreurs d'âge** : Aucune stipulation.

TABLE DES MATIÈRES